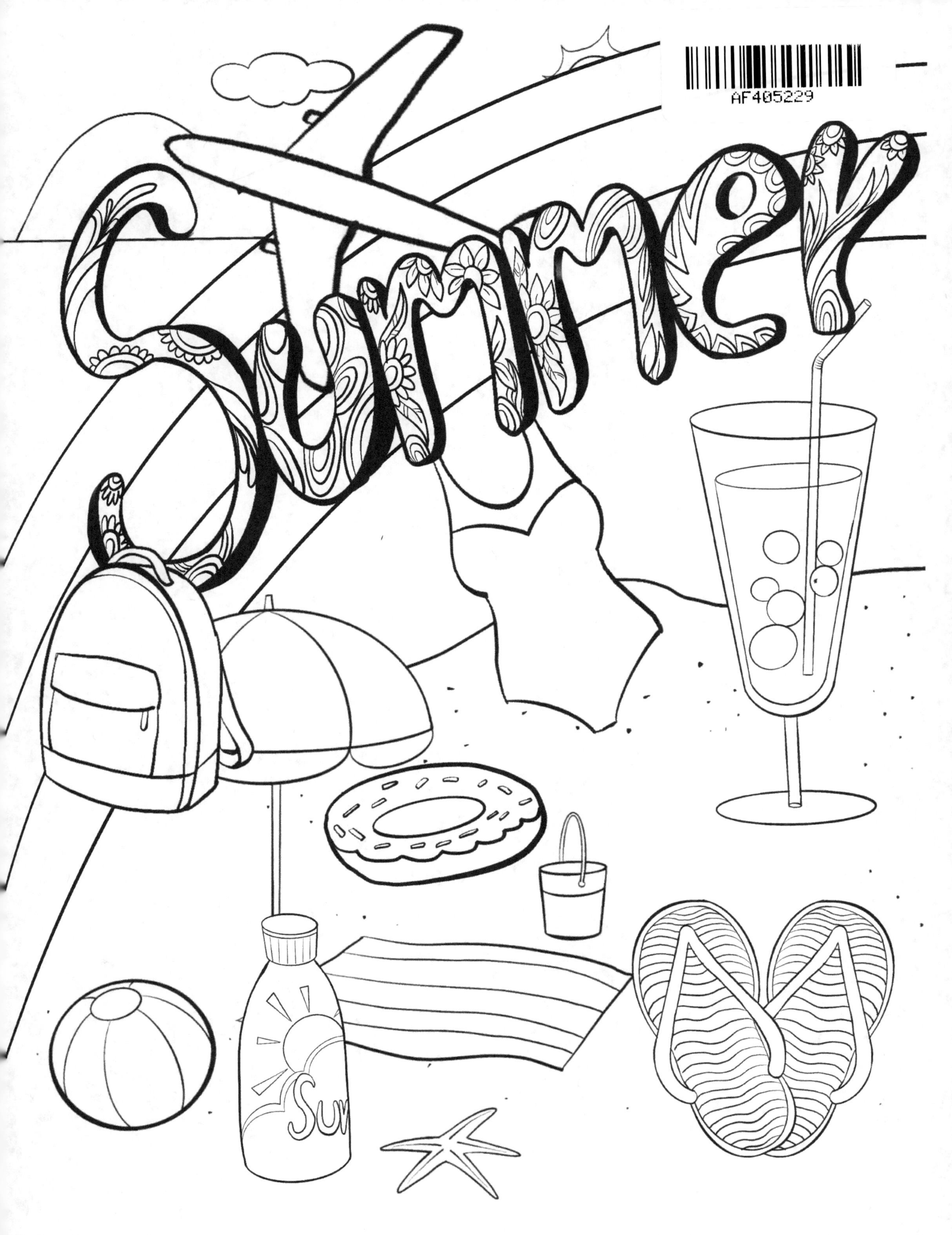

Summer
AF405229
Sun

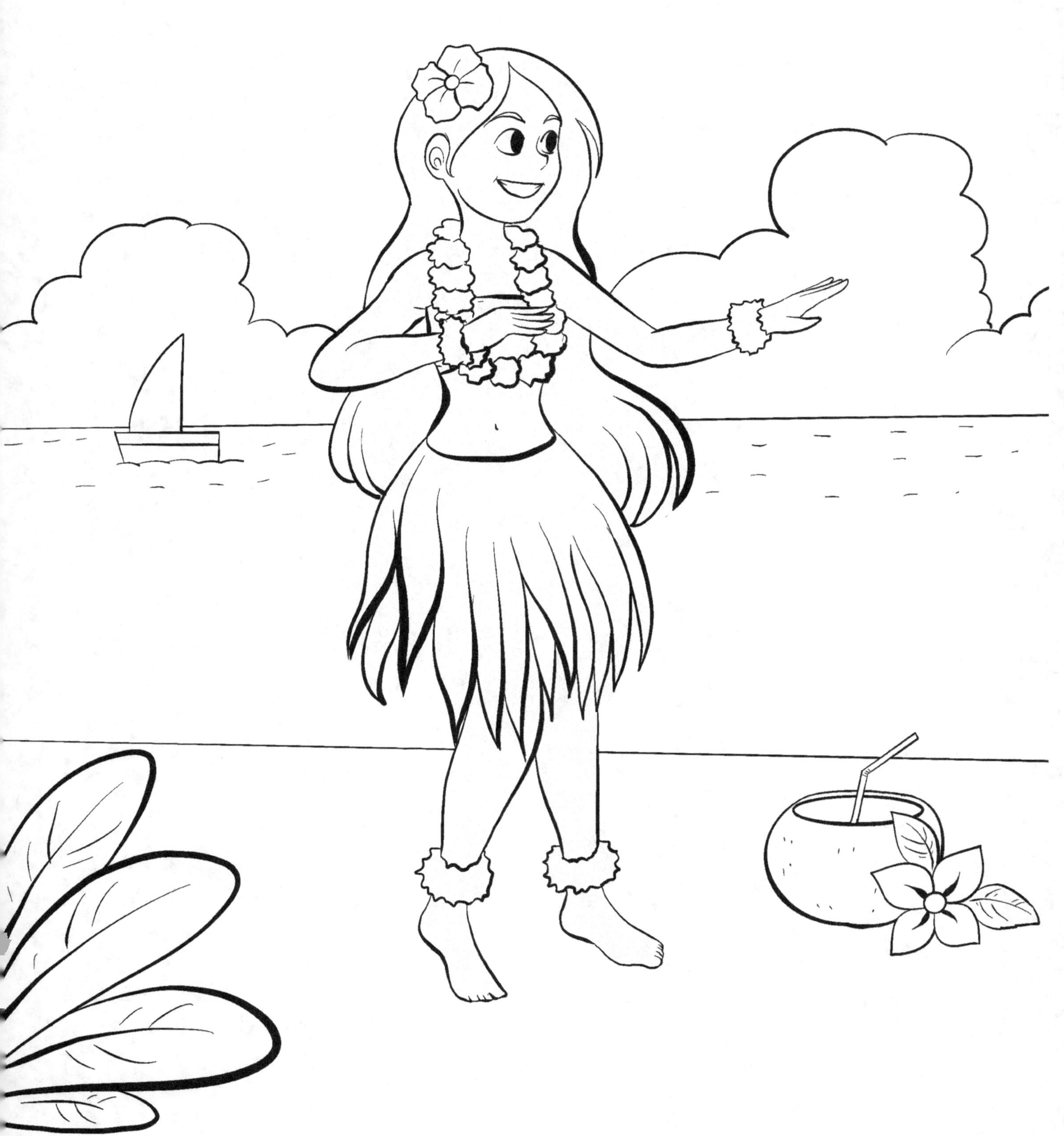

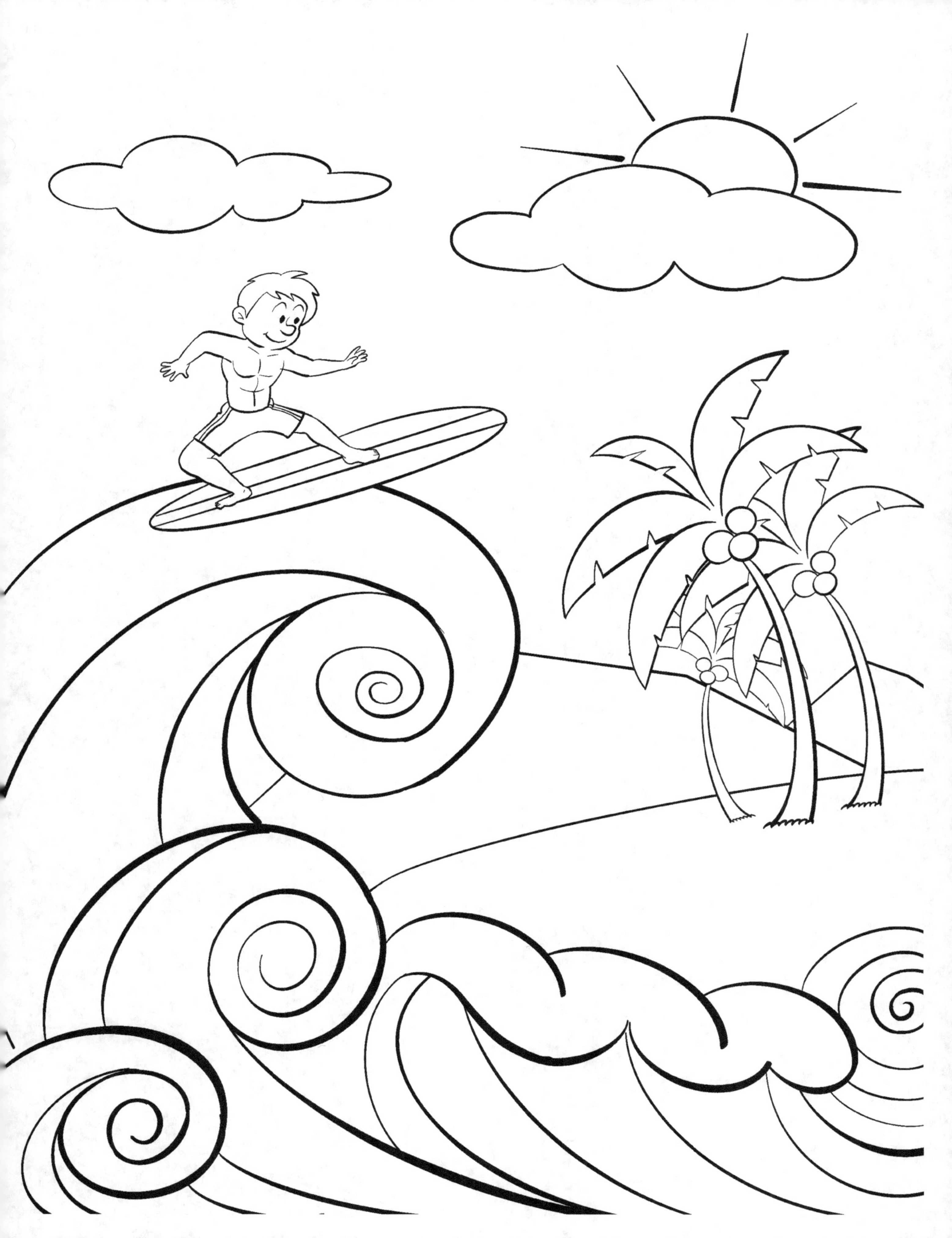

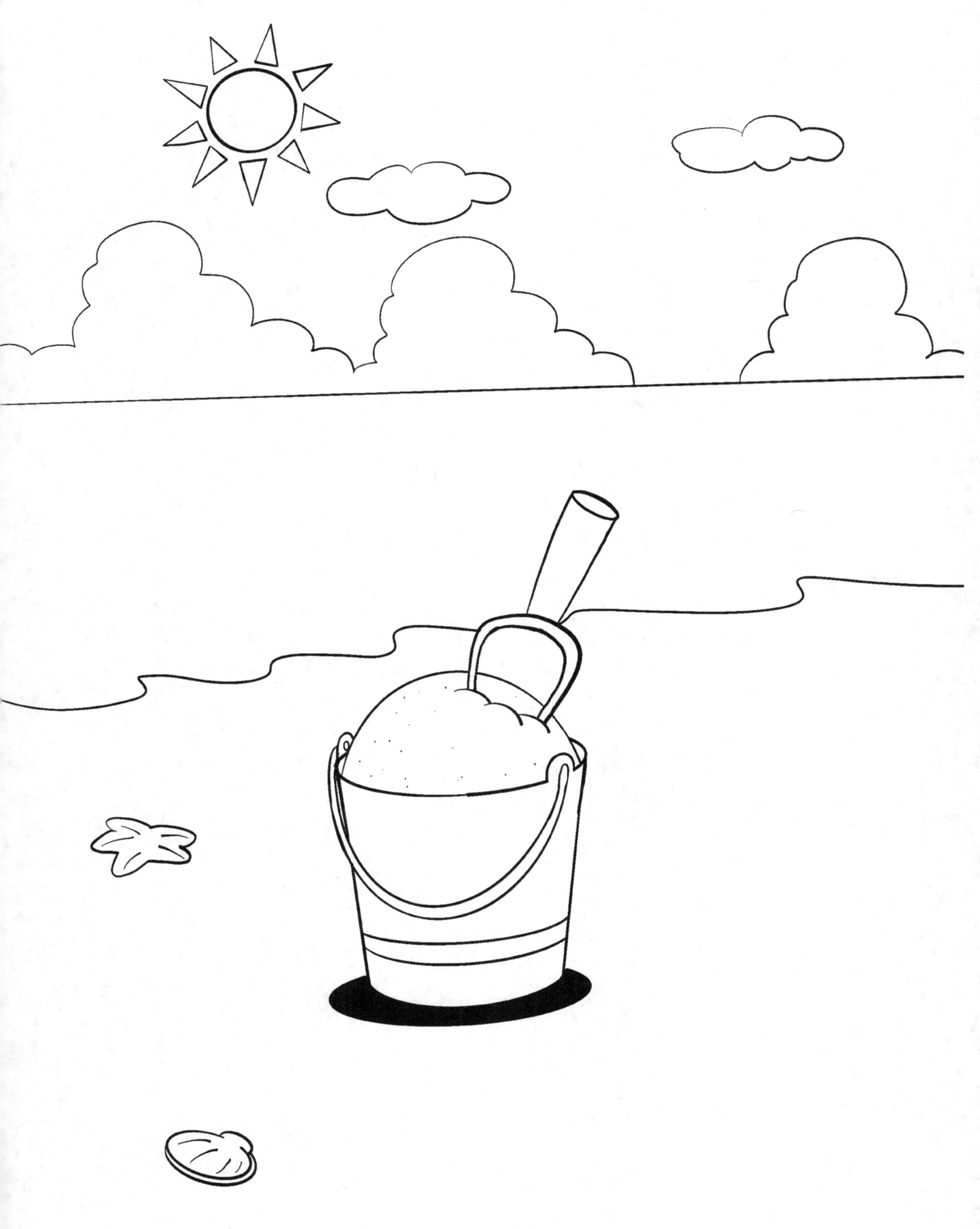

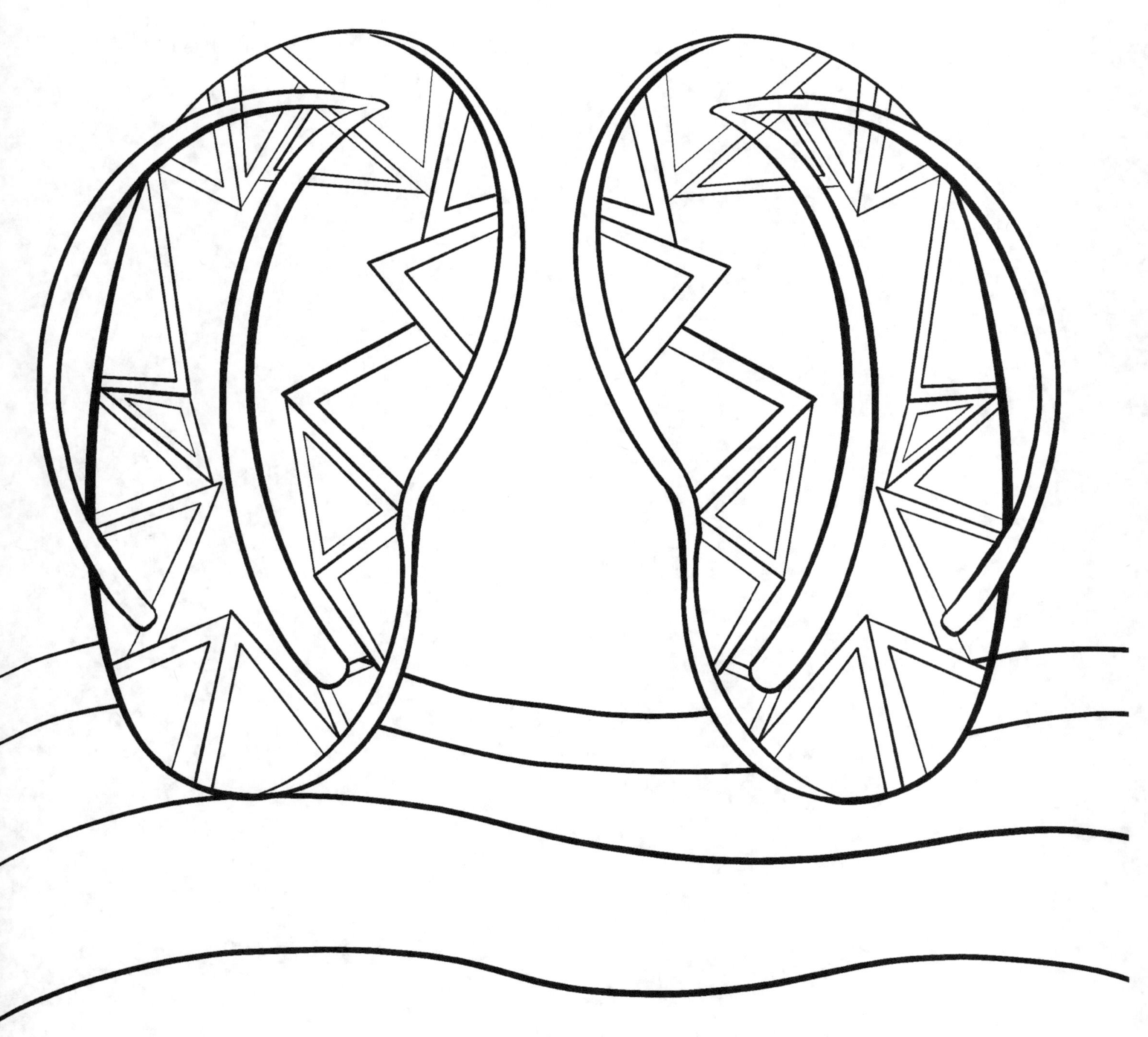

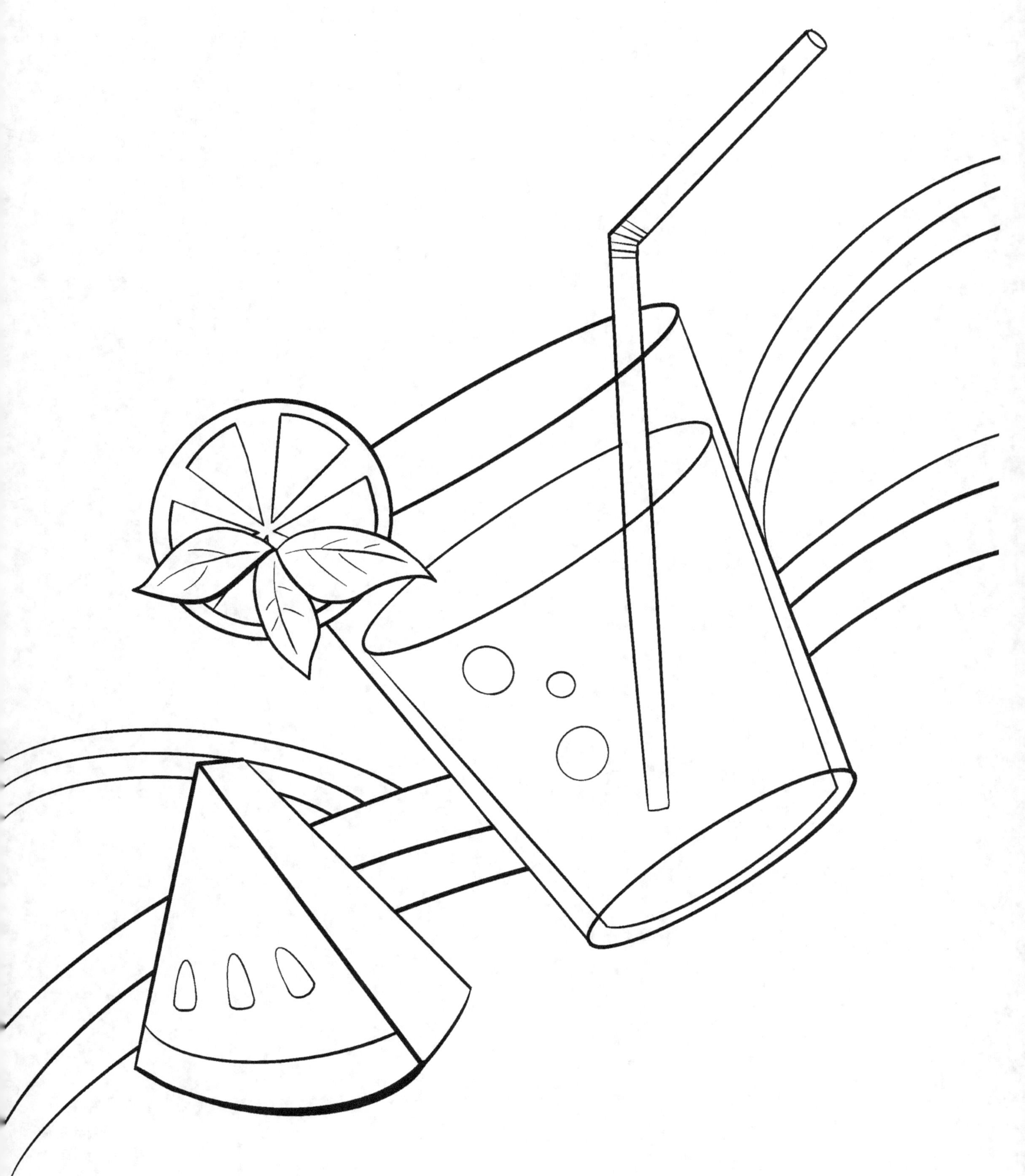

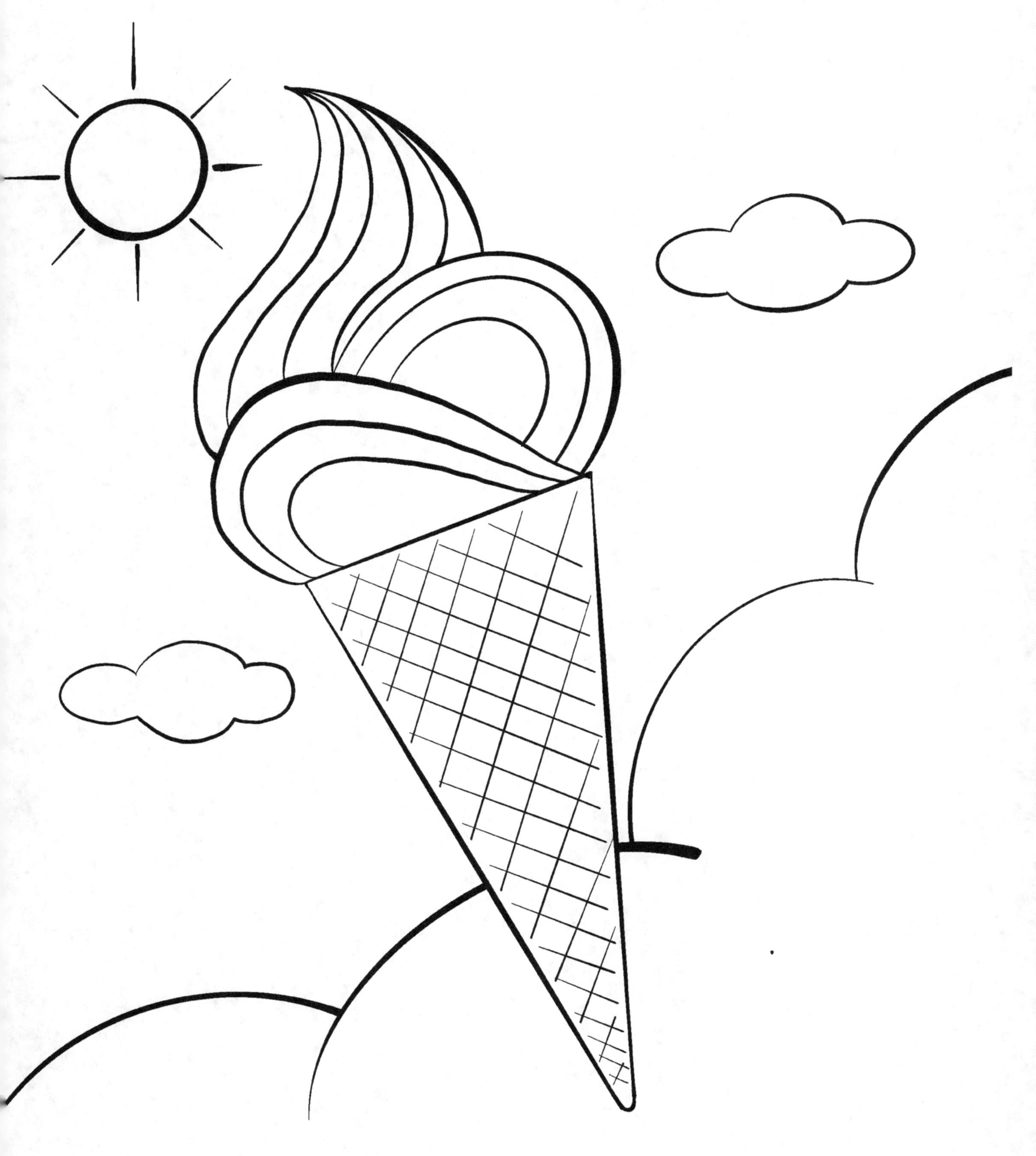

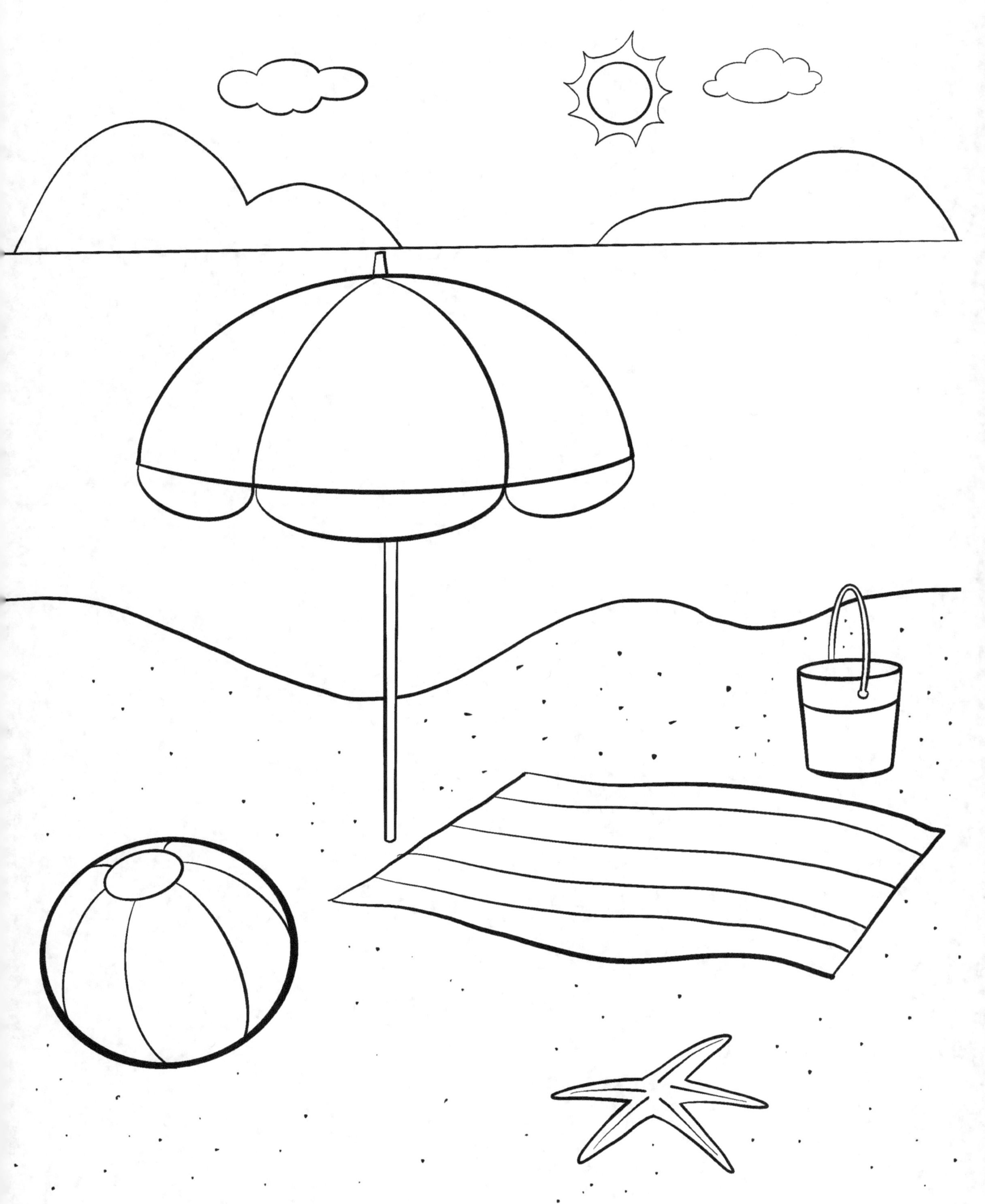

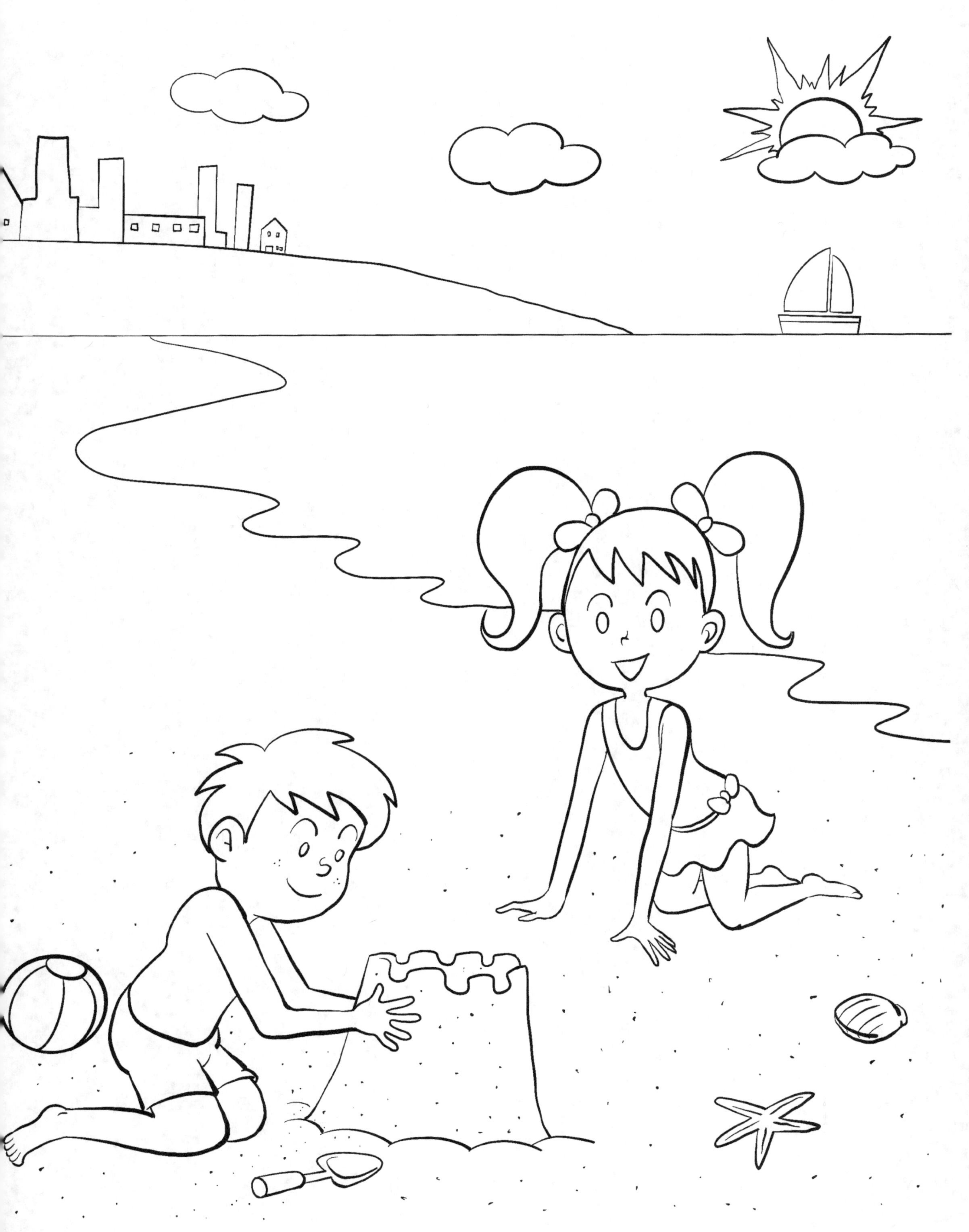

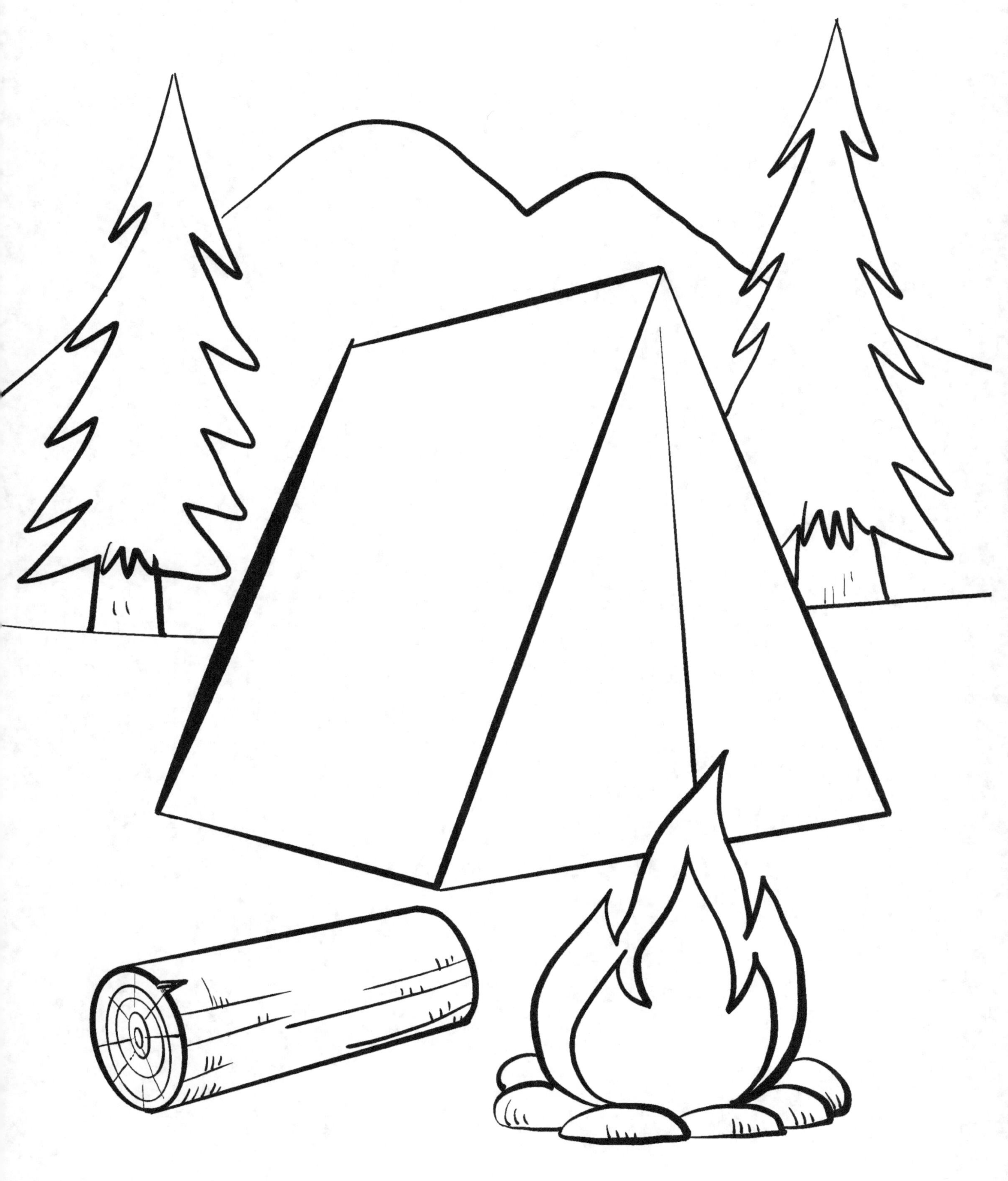

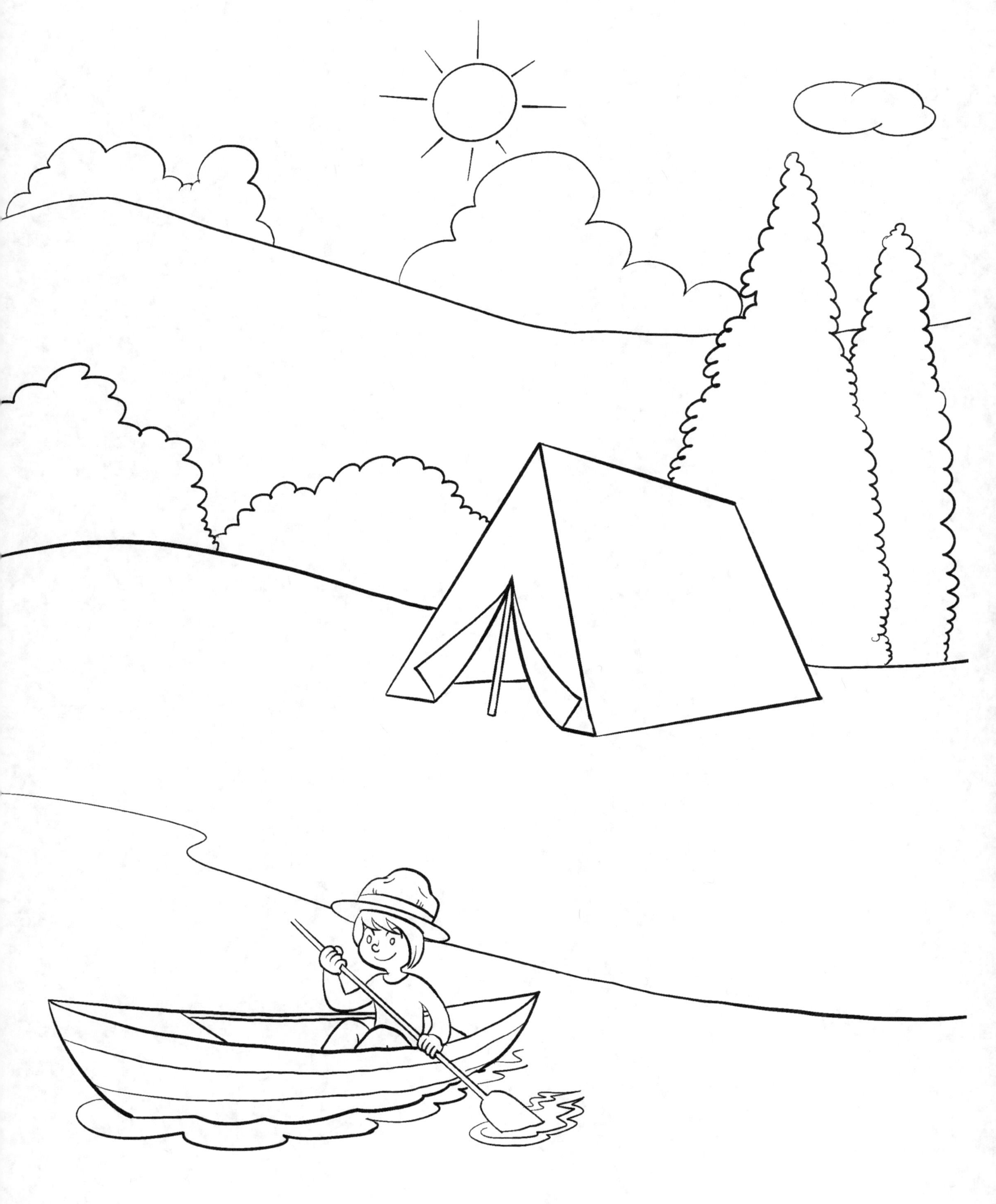

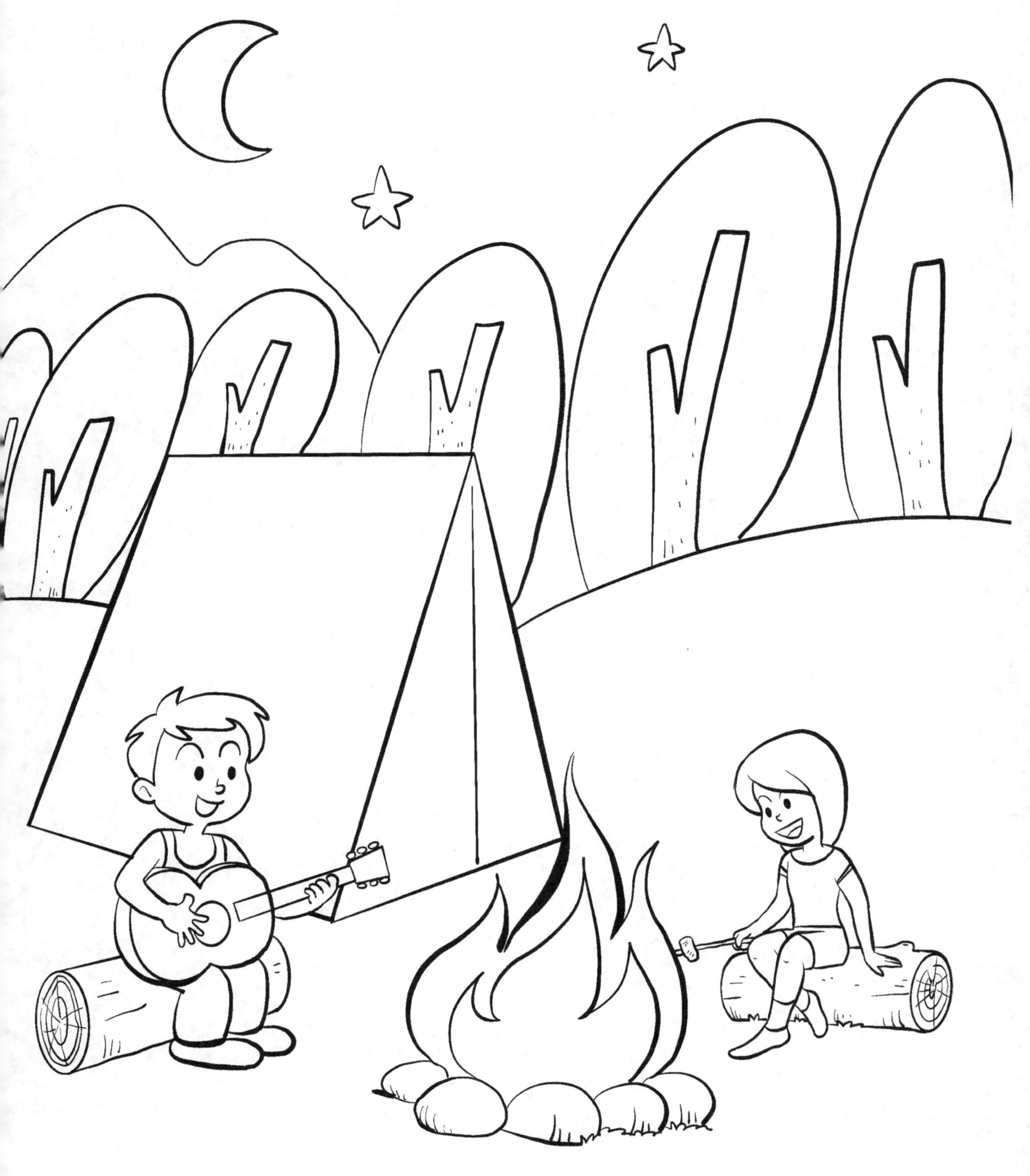

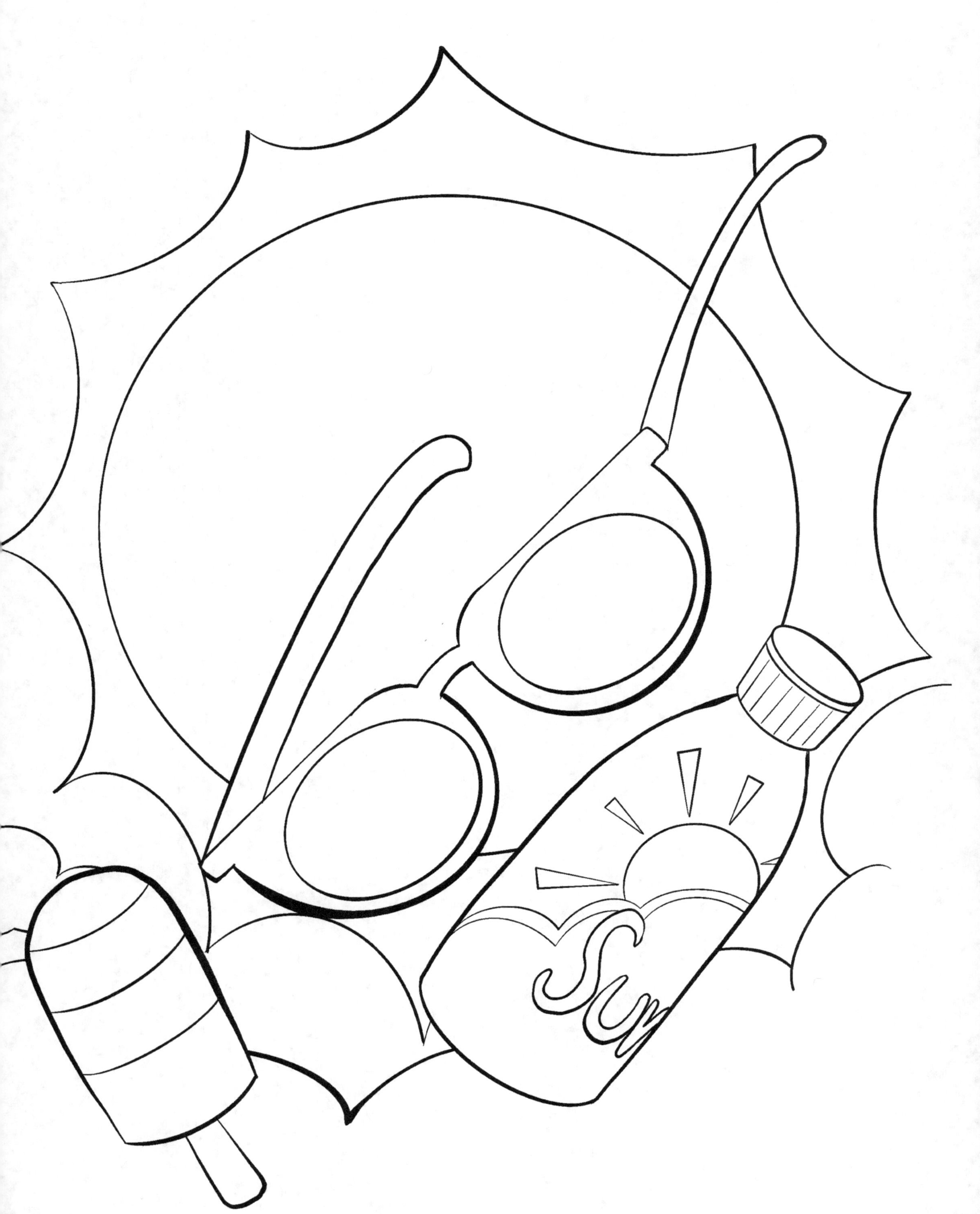

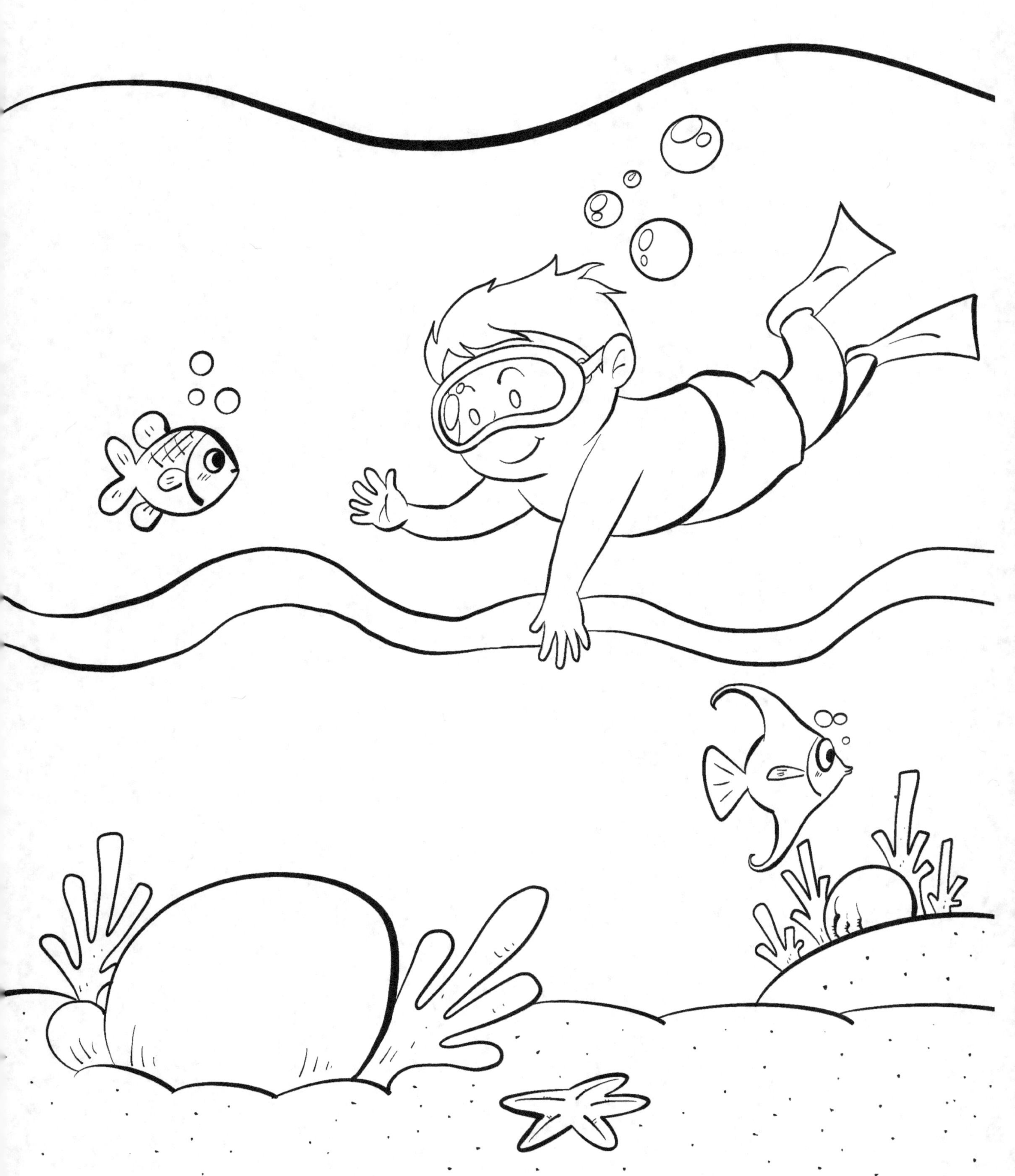

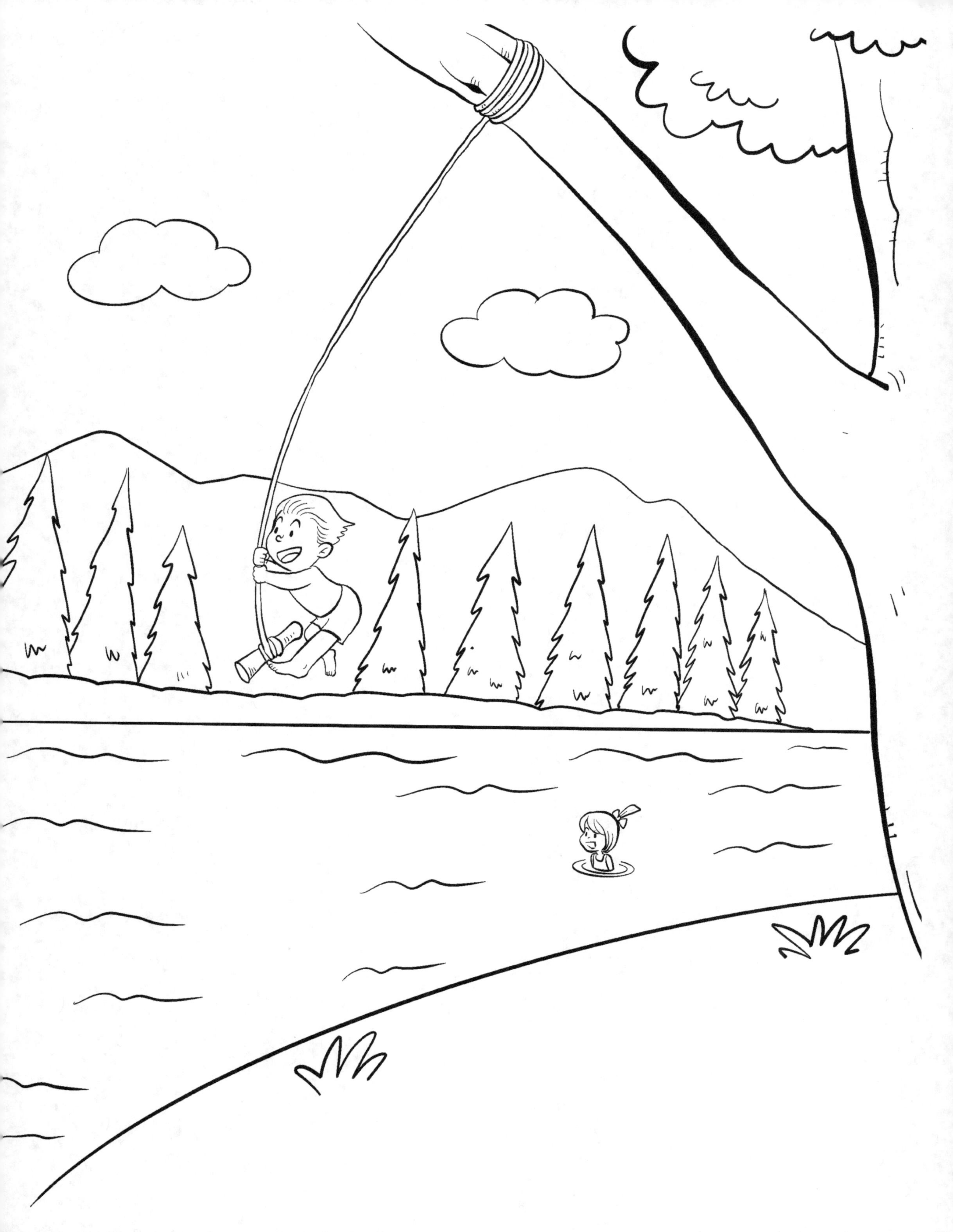

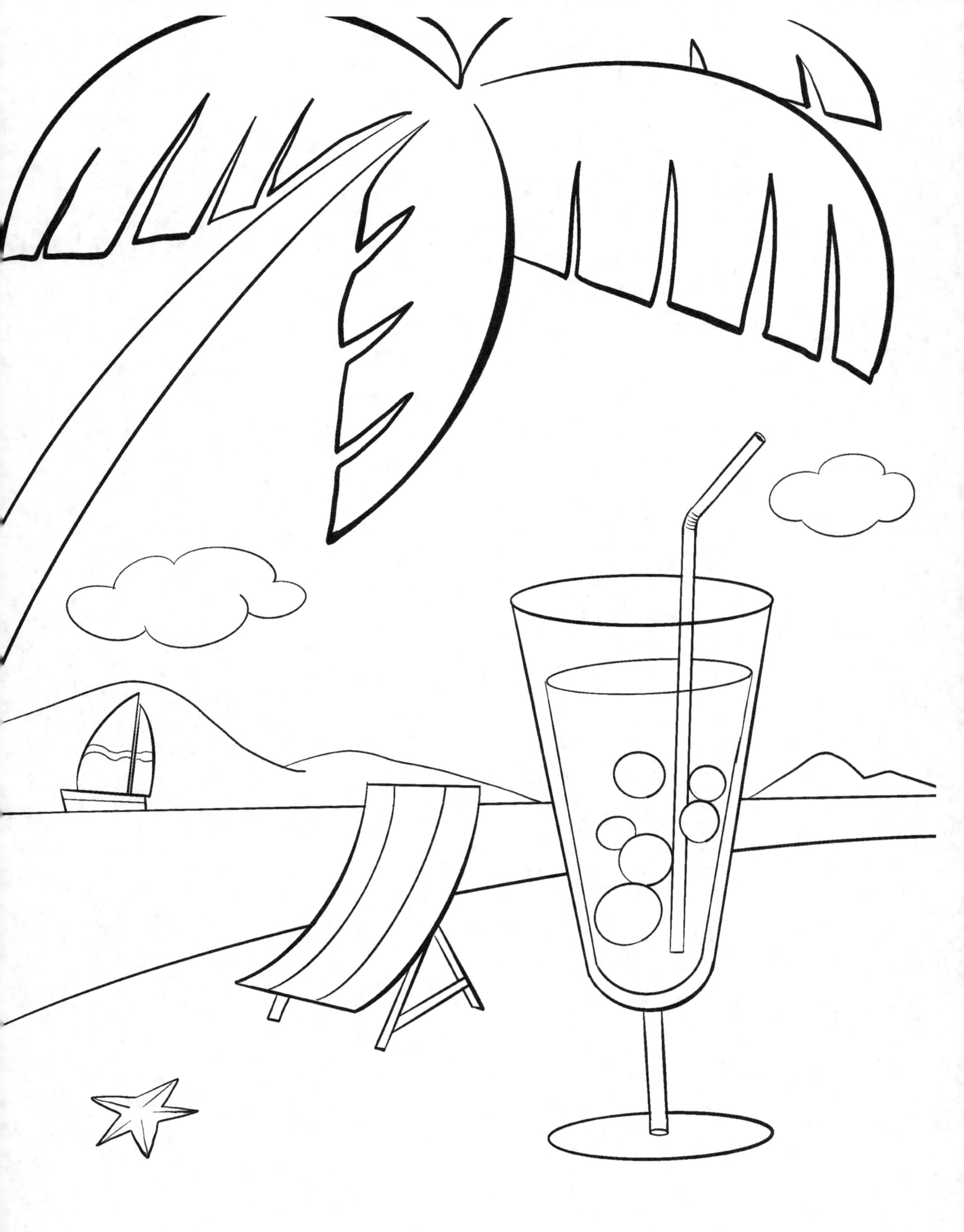

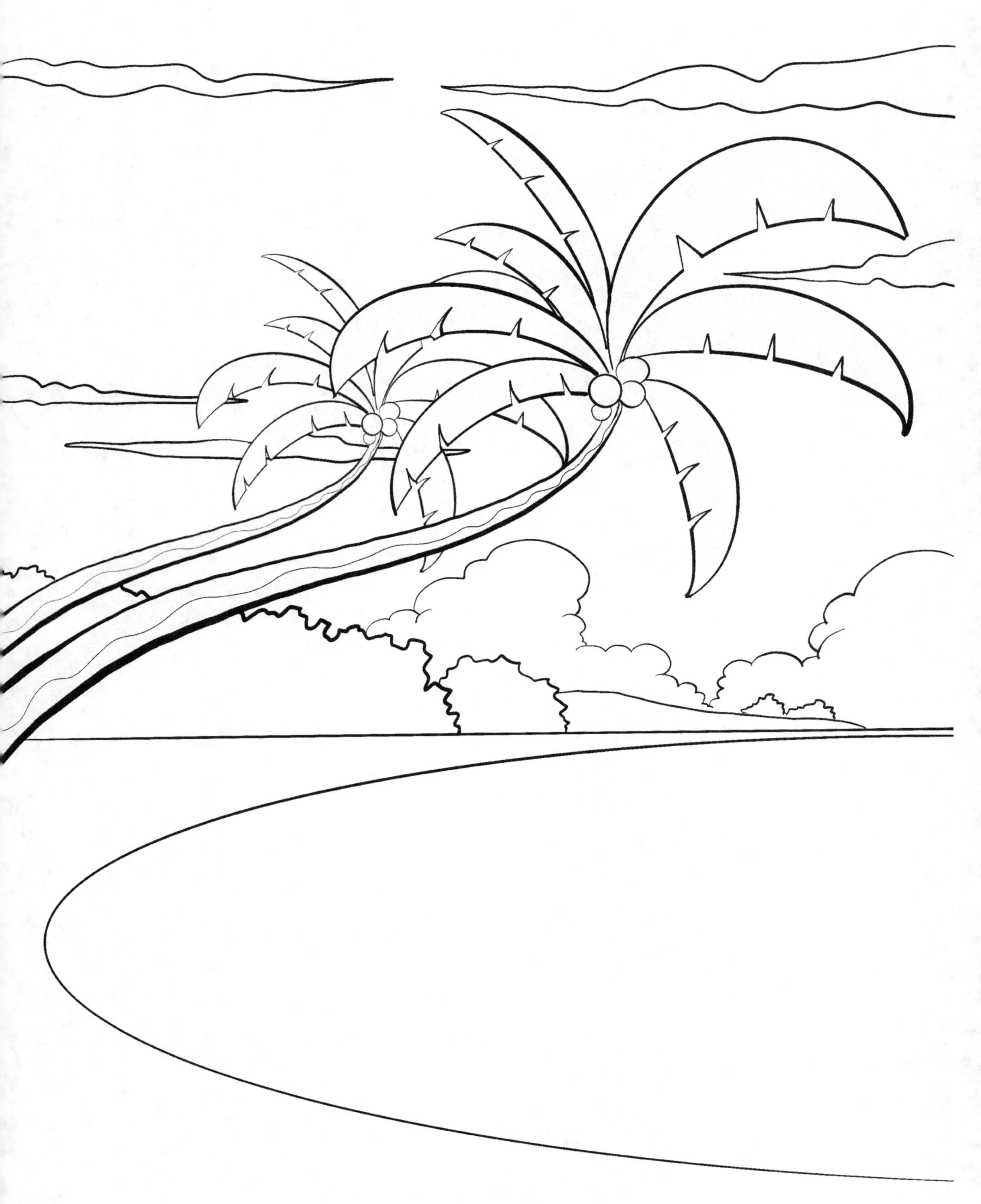

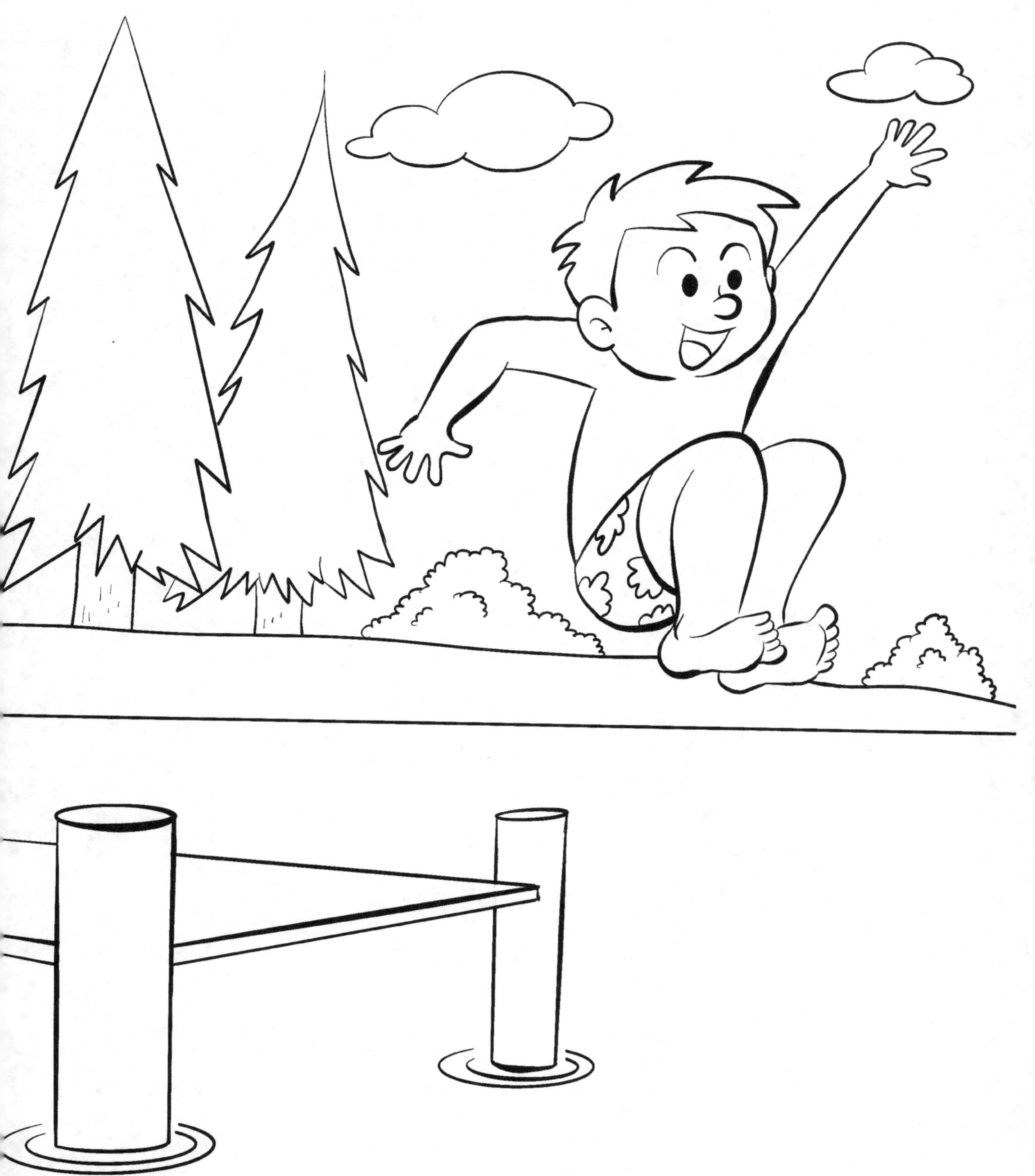

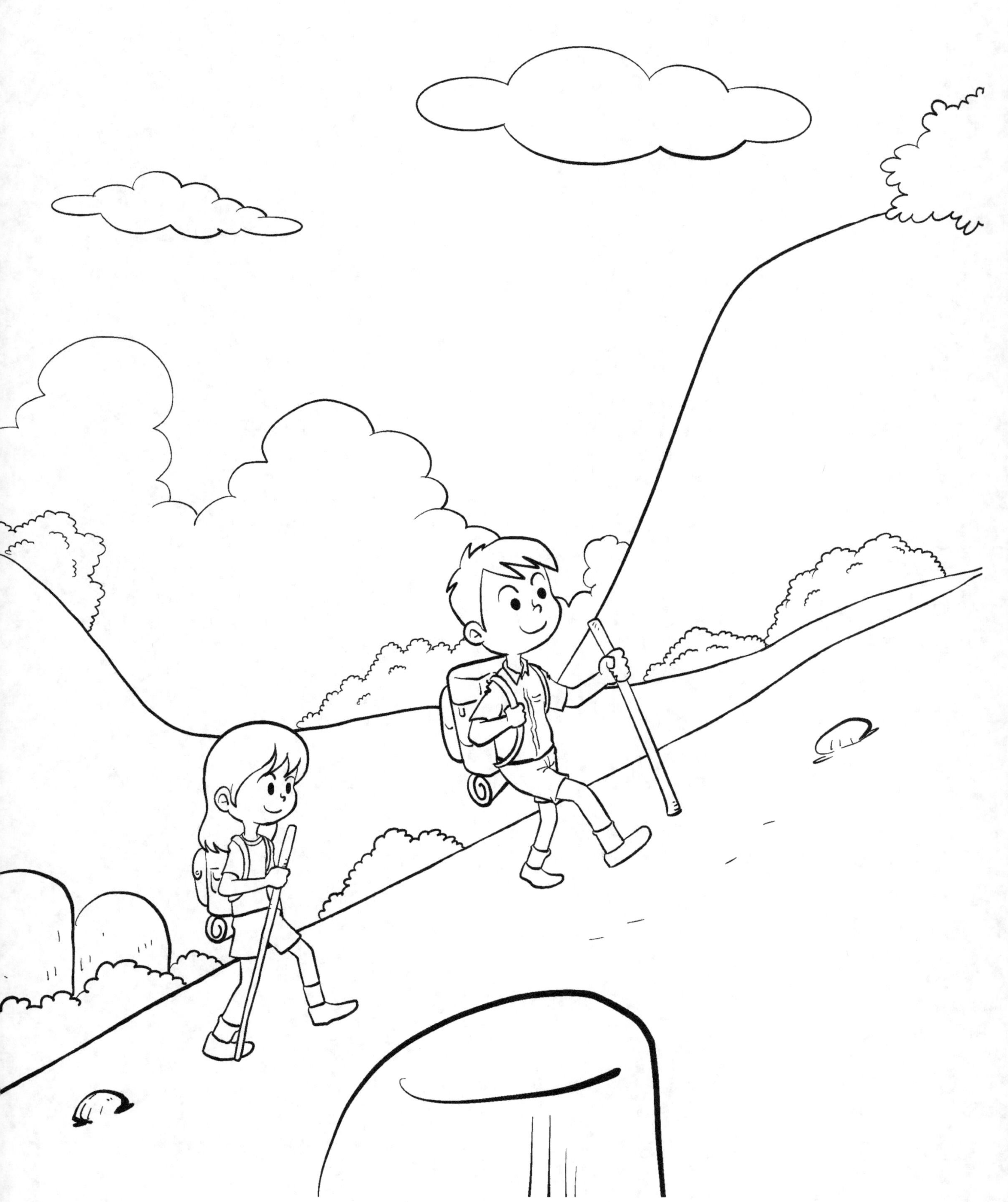

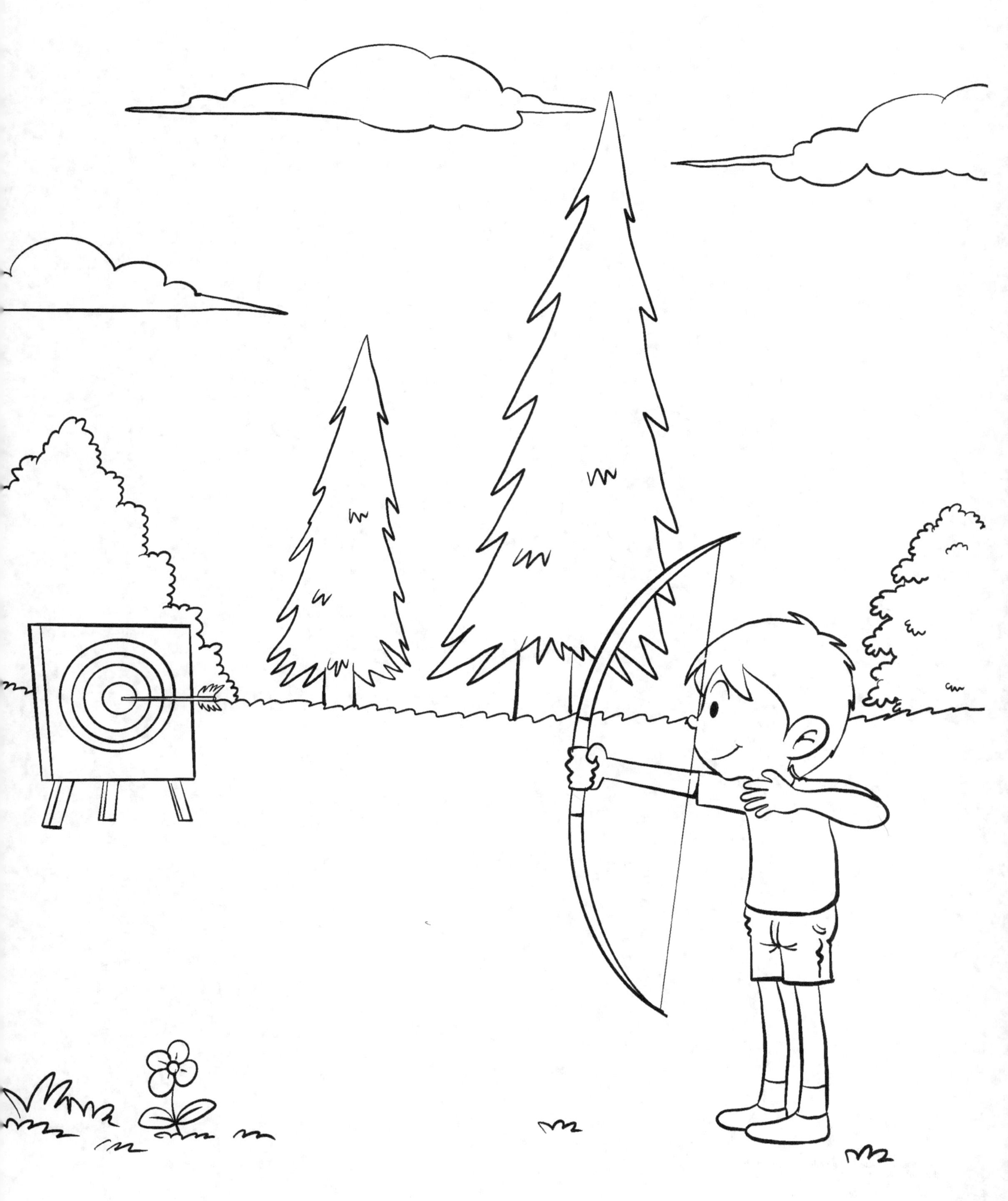

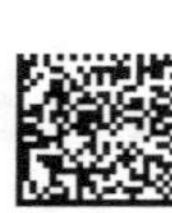

www.ingramcontent.com/pod-product-compliance
Lightning Source LLC
Chambersburg PA
CBHW080854160726
47999CB00009B/3116